RECUEIL

DE TOUT CE QUI A ÉTÉ IMPRIMÉ,

RELATIVEMENT AU PASSAGE

DE MADAME

LA COMTESSE D'ARTOIS,

A LYON ET A ROANNE.

A LYON,

Chez AIMÉ DE LA ROCHE, aux Halles de la Grenette.

M. DCC. LXXIII.

AVEC APPROBATION ET PERMISSION.

L'EXPRESSION

DU

SENTIMENT.

FÉTES données à Mme. *LA COMTESSE D'ARTOIS,*
à son passage à Lyon.

LE Glaneur est assuré de plaire à ses Lecteurs en leur présentant quelques détails sur l'arrivée à Lyon, le séjour & le départ de Madame la Comtesse d'Artois. Les témoignages sinceres de respect & d'amour que les Citoyens de cette Ville ont eu le bonheur de lui donner, sont de sûrs garants que tout ce qui les rappelle, leur est agréable. On auroit bien souhaité pouvoir faire une relation complette de cette époque fortunée ; mais l'Auteur de la Feuille Littéraire de Lyon ayant promis dans sa derniere Feuille de parler de cet heureux événement, suppléera, sans doute, à ce qui manque à celle-ci ; l'une & l'autre formeront un tout qui ne peut être que satisfaisant.

Le 16 d'Octobre, M. le Baron de Choiseul, Ambassadeur extraordinaire & plénipotentiaire de France à la Cour de Turin, se rendit, à dix heures du matin, au Château de Montcalier, où il fit, au nom du Roi son maître, la demande de Madame la Princesse Marie-Thérese, fille de sa Majesté. Le Roi lui répondit dans les termes les plus flatteurs & les plus tendres.

A

Le Roi avoit décidé que les Fêtes pour le Mariage de la Princesse sa fille avec Monseigneur le Comte d'Artois, se donneroient au Château Royal de Stupinis, où toute la Cour se rendit, le 17. Le chemin, depuis l'esplanade de la porte neuve jusqu'au Château, fut, le soir, superbement illuminé, & artistement décoré, de même que la façade du Château. Il y eut d'abord Appartement & concert, ensuite un feu d'Artifice. On alla à la chasse, le 18; au retour, M. l'Ambassadeur donna à la principale Noblesse un souper qui fut précédé & suivi d'un bal, auquel les Princes du sang lui firent l'honneur de se rendre; il y eut une superbe illumination au petit Théatre. Le 20, le Roi donna à Stupinis un bal paré; le Sallon étoit magnifiquement décoré, la façade du Château illuminée, & le chemin de Stupinis à Turin, éclairé par des pots à feu, qui faisoient distinguer très-nettement les chiffres & les emblêmes analogues à la fête. La Cour retourna à Montcalier où le contrat fut signé, le 23; M. l'Ambassadeur donna, le soir, à Turin, à toute la Noblesse de la Ville une assemblée qui finit par un souper suivi d'un bal. Le 24, M. l'Ambassadeur de France se rendit, l'après-midi, à Montcalier pour la célébration du mariage, dans laquelle Monseigneur le Prince de Piémont a représenté Monseigneur le Comte d'Artois.

Madame la Comtesse d'Artois est partie, le 26, pour la Cour de Versailles. Leurs Majestés, M. le Prince de Piémont & M. le Duc de Chablais l'ont accompagnée jusqu'à Veillane, où elle a couché. Elle arriva, le lendemain, à la Novalaise. Arrivée au Pont de Beauvoisin, Monseigneur le Comte de la Trinité, Grand-Maître de la Maison, & Chevalier de l'Ordre de l'Annonciade, Madame la Comtesse de Favria, Dame du Palais de la Reine, remplissant les fonctions de Dame d'honneur, & Madame la Comtesse de la Ville, celle de Dame d'atours, la remirent à Mgr. le Marquis de Brancas, Grand d'Espagne de la première classe, Chevalier des Ordres du Roi, & Lieutenant Général de ses Armées, Commissaire plénipotentiaire de sa Majesté; Madame la Comtesse de Fortcalquier, Dame d'honneur; & Madame la Marquise de Bourbon-Busset, Dame d'atours.

Madame la Comtesse d'Artois arriva à Lyon, le 5 Novembre, à cinq heures du soir. Toutes les Compagnies de la Milice Bourgeoise bordoient la haie depuis la porte du pont du Rhône jusqu'au palais de l'Archevêché, où alla loger la Princesse. Le Roi ayant donné ses ordres à MM. les Prévôt des Marchands, & Echevins de Lyon, pour préparer les fêtes pour le passage & le séjour de cette Princesse, le Consulat chargea M. Nonotte, Peintre du Roi & de la Ville, de travailler aux projets de ces fêtes ; M. Sponton, Echevin Commissaire en cette partie, les ayant approuvés, en ordonna l'exécution.

M. Grand, Voyer, Architecte de la Ville, fut en même temps chargé de faire le plan de la charpente, tant géométral que d'élévation, & de le faire exécuter sous son inspection & par ses ordres.

La représentation principale de ces Fêtes a été placée sur la Saône, près de l'Archevêché. L'ordonnance de l'ouvrage étoit sur un plan circulaire, au milieu duquel s'élevoit un obélisque de cent pieds de hauteur au dessus du niveau de l'eau. Un soleil terminoit cette partie de l'édifice, qui étoit ornée vers sa base par les Bustes de Monseigneur le Comte d'Artois & de son Auguste épouse ; les Graces les entouroient de guirlandes, ainsi que l'emblême de leur union, représentant deux cœurs enflammés, & dont la devise en Langue Italienne, portoit ce qui suit :

Qual di felici
Speranze in noi s'accumulò tesoro ;

METAST. IN VER. MAGGIO.

C'est-à-dire, *Une heureuse espérance augmente notre bonheur.*

Cette devise étoit adaptée à la face du piedestal de l'obélisque qui regardoit l'Archevêché ; elle étoit soutenue par des Génies qui paroissoient porter la banderole, sur laquelle elle étoit écrite. A la face opposée on avoit placé une seconde Inscription en Langue Latine, portant ce qui suit :

Junctæ surgant ad sidera flammæ.

C'est-à-dire, *Que ces flammes unies s'élevent jusqu'aux Cieux.*

Au deſſus de cette Inſcription, on avoit également placé les Buſtes du Prince & de la Princeſſe , près deſquels étoient allégoriquement l'Hymen & l'amour contractant leur union ſur un Autel chargé de fleurs ; les flambeaux de ces deux Divinités étant réunis entre les mains de la premiere.

Le piedeſtal de l'obéliſque étoit poſé ſur une terraſſe quarrée , de 65 pieds de diametre , qui lui ſervoit de baſe ; cette terraſſe étoit ornée d'une baluſtrade qui régnoit tout autour ; ſur les angles on avoit élevé des figures repré-ſentant les vertus analogues au ſujet. Des vaſes peints en bronze décoroient le haut des marches qui , dans les quatre faces de la terraſſe , formoient des ouvertures qui ſembloient y donner l'entrée ; au bas de ces marches étoient placés des lions , qui ſont les attributs de la Ville.

La maſſe de cet édifice portoit ſur un ſocle , figuré par un rocher qui paroiſſoit ſortir de la riviere.

Autour de cette partie principale de l'ouvrage étoit la portion circulaire formée par des batelets illuminés , & qui aboutiſſoit de chaque côté aux deux tours que l'on avoit conſtruites pour y placer une grande partie des Feux d'Arti-fice. Ces tours qui étoient de 62 pieds de hauteur , ont été illuminées , ainſi que toute la partie de l'obéliſque ; & ces trois objets , liés de compoſition par les batelets , pre-noient ſur la largeur de la riviere , une étendue d'environ 280 pieds.

Le jour de l'arrivée de la Princeſſe , il y a eu illumi-nation générale par toute la Ville , & des Feux d'Artifice très-conſidérables ſur la Saône. Le ſecond jour , la Prin-ceſſe eſt allée à la Comédie , & toute la Ville a été de nouveau illuminée ; de retour à l'Archevêché , elle a eu le coup d'œil de l'édifice ſur la Saône entiérement illuminé. Il y a eu encore des Feux d'Artifice , qui la plupart étoient ſur des batelets , & qui repréſenterent une eſpece de combat naval , auquel le feu des tours répondoit. Le troiſieme jour , il y eut Bal paré à la grande Salle de l'Hôtel de Ville , la Princeſſe l'honora de ſa préſence , & lorſqu'elle en ſortit , elle vit l'illumination de la façade de cet Hôtel, dont le balcon étoit orné de l'Inscription suivante :

Urbs felix, quæ prima tibi teſtatur amorem Gentis.

C'eſt-à-dire, *Que cette Ville eſt heureuſe d'être la premiere du Royaume à donner des preuves de l'amour de la Nation.*

Au deſſus de l'Inscription, on avoit repréſenté la Princeſſe, accompagnée par le Génie de la Savoie, & recevant les hommages reſpectueux de la Ville de Lyon, qui, un genou en terre, lui préſentoit des fleurs dans un baſſin, & parmi leſquelles elle choiſiſſoit un lis. Le Génie de la France, qui paroît diriger les démarches de la Ville, la préſentoit à la Princeſſe, qui daigna agréer les honneurs qu'elle lui rend : près de ce groupe, des colombes & des tourterelles jouoient enſemble, pendant que le Génie des richeſſes & de la grandeur lui préſentoit une couronne de fils de France ; & celui des Beaux-Arts, une couronne de fleurs.
Toutes les peintures de ces différentes parties de travail ont été exécutées par le ſieur Charles, Peintre Italien, d'après les deſſeins du ſieur Nonotte, Peintre du Roi & de la Ville, & ſous les ordres de M. Sponton, Echevin, chargé par le Conſulat de tout ce qui pouvoit concerner ces Fêtes.
La grande Salle de l'Hôtel de Ville a été décorée ſous les mêmes ordres, par MM. Grand & Loyer, Architectes de cette Ville.

Madame DE MONTEYNARD, Abbeſſe de l'Abbaye Royale de S. Pierre, avoit fait illuminer avec goût la belle façade de l'édifice de ſa maiſon, ſur la place des Terreaux. On liſoit en lettres de feu cette Inscription, analogue à celle de l'Hôtel de Ville :

Vota & preces addimus.
C'eſt-à-dire, *Nous y joignons nos vœux & nos prieres.*

Madame la Comtesse d'Artois fit l'honneur de recevoir, le samedi, 6 de ce mois, les compliments des Corps & des Compagnies qui, suivant l'usage de la Cour, avoient été nommés à la Princesse, le 5 au soir, pour être admis à l'honneur de la saluer, après la Messe qui fut célébrée dans la Chapelle de M. l'Archevêque, & pendant laquelle la Musique de Mgr. le Marquis de Brancas exécuta plusieurs morceaux de symphonie.

MM. les Comtes de Lyon, M. le Comte de Castellas portant la parole.

MM. du Conseil Supérieur, M. le Président Charrier de la Roche portant la parole.

MM. les Trésoriers de France, M. de Fleurieu, premier Président, portant la parole pour le Bureau des Finances.

MM. les Magistrats de la Sénéchaussée & Présidial de Lyon, M. de Poizieux, Lieutenant Général, portant la parole.

MM. les Élus, M. Charesieu, Président en l'Election, portant la parole.

MM. de l'Académie des Sciences, Belles-Lettres & Arts de Lyon, M. Brisson, Avocat, Directeur, portant la parole.

Le Glaneur n'a pu se procurer que trois de ces Compliments; il auroit bien souhaité de les publier tous; il sent que le Public y perd, mais il lui a été impossible de rassembler ici les différents témoignages, qu'on a donnés dans cette occasion, de l'amour dont tous les habitants de cette seconde Ville du Royaume sont sans cesse animés pour Louis le Bien-Aimé, & pour toute la Famille Royale.

Compliment de M. l'Archevêque de Lyon, à Madame la Comtesse d'Artois, le jour que cette Princesse fit son entrée dans l'Eglise Primatiale, le 9 Novembre 1773.

MADAME,

LES Mariages des Princes ont souvent plus d'influence sur la destinée des Empires, que toutes les opérations de la Politique, & que le sort même des combats. Et quand il plaît à Dieu de répandre ses bénédictions sur ces hautes alliances, il n'eſt guere de préſage plus aſſuré de la proſpé-rité des Etats, & du bonheur des Peuples. Tout annonce à la France, MADAME, qu'elle peut ſe livrer aujourd'hui à ces douces eſpérances.

LA gloire de votre Auguſte Maiſon eſt auſſi ancienne que ſon origine. Vous comptez preſque autant de grands hommes que d'Aïeux. Ils ont tous été perſuadés que les Rois ſont pour les Peuples ; qu'ils leur doivent le bonheur, & que s'ils ne ſont bienfaiſants, ils ſe flattent en vain d'être juſtes. Ces précieuſes maximes ont paſſé de Prince en Prince, juſqu'à ceux de qui vous tenez plus immédiatement le jour : & l'accroiſſement de la puiſſance dans ces derniers, loin de les diſtraire ou de les éblouir, n'a fait que donner plus d'éclat à leur bonté & à leur ſageſſe. Ils ne ſe ſont pas contentés d'ouvrir au dedans de leurs Etats toutes les ſources de la félicité publique, & d'en être eux-mêmes le principe le plus fécond, ils ont écarté les influences étrangeres qui auroient pu la troubler. Une corruption preſque générale inonde le reſte de l'Europe, & on reſpire toujours ſous leurs ſages loix l'air pur de la vertu. On n'y connoît ni ce luxe dévorant qui dépouille la nature de tout ce qu'il prodigue à la vanité, ni cette licence d'opinions qu'on peut appeller le ſecond luxe de notre ſiecle, le luxe des eſprits, non-ſeulement parce qu'il marche toujours à la ſuite du premier, mais parce qu'il eſt le grand abus de la raiſon, comme l'autre eſt le grand abus des richeſſes.

Voilà, MADAME, ce qui rend le nom que vous portez, digne de l'admiration de l'Univers, & ce qui fait la joie de la France, toutes les fois qu'elle voit le ſang de ſes Souve-rains s'unir avec le vôtre. Que de moindres Etats cherchent leur agrandiſſement, ou leur ſûreté dans des alliances inté-reſſées ; pour nous, MADAME, nous n'avons beſoin que de vertus : & avec celles dont le germe a paſſé dans votre cœur, dont vous avez reçu tant d'exemples & de leçons, vous êtes plus aſſurée de notre reſpect & de notre amour, que ſi vous nous apportiez des Villes & des Provinces.

IL ne falloit pas moins, MADAME, que tous les avan-tages répandus ſur votre naiſſance & ſur votre perſonne, pour vous préparer au ſort qui vous attend. Vous allez

(8)

devenir la Fille du meilleur des Peres , comme du plus
grand des Rois ; & ce titre , en vous impofant l'obligation
de travailler au bonheur du Monarque, vous charge en
même temps de celui de tous fes Sujets. Vous allez recevoir
la main de l'Epoux le plus aimable, & qui dans un rang
moins élevé que le fien, auroit été choifi pour les graces
qu'il poffede, & pour les vertus qu'il promet. Vous allez
jouir d'un bien d'autant plus flatteur, qu'il a été réfervé à
vous feule, celui de vivre fous un Ciel étranger, avec une
Sœur chérie , & de n'avoir qu'à marcher fur fes traces
pour achever de gagner tous les cœurs.

Nos vœux feront exaucés , MADAME , & le temps
embellira encore votre glorieufe deftinée. Vous en fancti-
fierez l'ufage ; vous en ferez remonter la gloire jufqu'à
celui de qui vous la tenez. Votre piété en obtiendra des
Princes. Vous leur imprimerez la crainte de Dieu, l'amour
des Peuples. La voix des générations futures s'unira avec
la nôtre , pour bénir une Princeffe qui aura donné des appuis
au Trône , à l'humanité & à la Religion.

Compliment à Madame la Comteffe d'Artois , fait, le 6
Novembre 1773 , par M. de Fleurieu, premier Préfident
du Bureau des Finances de Lyon.

MADAME,

DAIGNEZ recevoir , avec bonté , les affurances du
profond refpect du Bureau des Finances de Lyon.

Cette Ville fe glorifie, avec raifon , d'être la premiere
à vous témoigner, MADAME, l'amour que les François
ont pour leur Roi , pour fes Defcendants, & pour les
Maifons Auguftes , auxquelles il les allie.

En rendant le même témoignage à MADAME LA
COMTESSE DE PROVENCE, nous formions encore
un fouhait. Vous le rempliffez, MADAME; vous allez combler les vœux du Prince qui vous eft deftiné. Douée, comme
lui, de tous les dons de la nature , par vos charmes & par
vos vertus, vous embellirez la Cour du plus aimé des Rois.
Une Sœur chérie vous appelle pour partager avec vous ,
MADAME, la tendreffe que ce Monarque accorde à fes

Sujets, comme à ſes Enfants ; il affermit le bonheur de ſes Peuples par la paix ; il aſſure la félicité de ſes Enfants par les alliances les plus illuſtres.

Il vous attend, MADAME, pour compléter le nombre des Graces qu'il s'eſt plu à raſſembler autour de ſon Trône.

Compliment fait, au nom de l'Académie, à Madame la Comteſſe d'Artois, par M. Briſſon, Directeur, le ſamedi 6 Novembre.

M A D A M E,

Si tous les François pouvoient être auſſi heureux que l'Académie, & vous offrir ici l'hommage des ſentiments que votre préſence inſpire, vous ne m'entendriez prononcer à vos pieds que les accents de la joie & de l'admiration.

A peine les deſtinées de Madame LA COMTESSE DE PROVENCE furent-elles fixées en notre faveur, que l'amour univerſel de la Nation pour Monſeigneur le Comte d'Artois, & ſans doute auſſi, MADAME, le deſir d'aſſurer de plus en plus la félicité publique, dictèrent à tous les cœurs les vœux que vous allez combler.

Au milieu des jours brillants qui vous ſont préparés, daignez protéger les Sciences & les Arts que nous cultivons ; leurs ſuccès, MADAME, augmentent l'éclat des Empires ; les Rois vos Aïeux les ont toujours aimés : des titres auſſi glorieux ſont des droits certains à vos bontés ; & ces bontés que nous implorons, donnant un nouveau prix aux diſtinctions que les Gens de Lettres obtiennent en France, deviendront pour nous, MADAME, une nouvelle ſource de la plus vive émulation.

Nota. Le Directeur a été nommé, ſuivant l'uſage de la Cour, à la Princeſſe, le 5 au ſoir, à ſon arrivée, & il a été dès-lors admis à la ſaluer.

Couplets chantés sur le Théatre de Lyon, le 6 Novembre 1773, en présence de Madame la Comtesse d'Artois.

COUPLETS POUR LA PIECE DE HENRI IV.

Sur l'Air de la Fée Urgele, L'avez-vous vu mon bien-aimé?

Dans tous les traits du Grand Henri
 Qu'à vos yeux on retrace,
Vous trouvez ceux d'un Roi chéri
 Qui suit la même trace.
C'est de LOUIS le Bien-Aimé,
(Vos cœurs avant moi l'ont nommé,)
  C'est ce Titus
  Dont les vertus
Rappellent à notre ame
  Un souvenir
  Qui de plaisir
Et d'amour nous enflamme ;
Ainsi du Pere aux Descendants
Passent les nobles sentiments :
  Grandeur,
  Valeur,
  Fierté,
  Bonté . . .
Jamais une tige plus belle
N'eut des Rameaux plus dignes d'elle.
Dans tous les traits du Grand Henri,
 Qu'à vos yeux on retrace,
Vous trouvez ceux d'un Roi chéri,
 Qui suit la même trace.

 Pour éterniser le bonheur
Dont nous éprouvons la douceur,
Le Dieu d'hymen, le Dieu d'amour,
 Tous deux d'intelligence,
Transportent leur brillante Cour

Au milieu de la France.
Pour les y fixer fans retour,
Une Princeffe dans ce jour,
Du haut des Monts,
Dans nos cantons,
Vient, menant les jeux fur fes traces,
Compléter le nombre des graces.
Dans tous les traits du GRAND HENRI,
Qu'à vos yeux on retrace,
Vous trouvez ceux d'un Roi chéri,
Qui fuit la même trace.
C'eft de LOUIS LE BIEN-AIMÉ,
(Vos cœurs avant moi l'ont nommé,)
C'eft ce TITUS
Dont les vertus
Rappellent à notre ame
Un fouvenir
Qui de plaifir
Et d'amour nous enflamme.

Couplets faits pour être chantés par Margot, dans le Repas de la Partie de Chaffe de HENRI IV, en préfence de MADAME LA COMTESSE D'ARTOIS, fur l'air: Vive Henri IV.

QUE l'alégreffe
Réuniffe nos voix ;
Le cœur nous preffe
De chanter mille fois
L'Augufte Princeffe
Dont le Ciel a fait choix.

HEUREUSE France !
Du Ciel vois les bienfaits :
Cette alliance
Nous affure à jamais
Pleine jouiffance
Et de gloire & de paix.

JEUNE Princesse,
Qu'à la Cour de LOUIS
Votre tendresse
Soit le soutien des Lis :
Fixez-y sans cesse
Les Amours & les Ris.

TIGE féconde
Étendez vos Rameaux :
Peuplez le monde
De Rois & de Héros ;
Et la terre & l'onde
Vous devront leur repos.

Suite des Couplets à ajouter à ceux de Vive Henri IV.
PUISSE sa Race
Régner sur nos neveux ;
Qu'elle remplace
Cet Objet de nos vœux :
C'est la seule grace
Que je demande aux Cieux.

VOICI l'Antienne
Qu'on dira dans mille ans ;
Que Dieu maintienne
Le Trône à ses Enfants,
Jusqu'à tant qu'on prenne
La Lune avec les dents.

COUPLETS POUR LA PIECE DU DÉSERTEUR.

Air : *Tiens voilà ma pipe, garde mon briquet.*

1er. MONTAUCIEL.

A CE cri de nos cœurs, à ce charmant accord,
Qui de vous ne se sent saisi d'un doux transport ?
Le signal est donné ; que tous en même temps
Chantent vive LOUIS & ses petits-Enfants.

2ᵉ. JEAN-LOUIS.

Avec zele autrefois pour mon Roi j'ai servi,
Et le sang qui me reste est encor tout à lui;
Oui, je disputerois l'honneur aux plus vaillants,
De mourir pour LOUIS & ses petits-Enfants.

3ᵉ. LA TANTE.

On dit que l'on prépare une Fête à la Cour,
Où l'on verra l'hymen couronné par l'amour.
Deux Princesses déjà suivent ses douces lois,
Il lui manquoit encor la Comtesse d'Artois.

4ᵉ. COURCHEMIN.

Cet auguste trio de graces & d'attraits,
Fait naître l'alégresse aux cœurs de tous Français.
Les peuples à l'envi répetent, dans leurs chants,
C'est LOUIS qui renaît dans ses petits-Enfants.

5ᵉ. LE GRAND COUSIN.

Quand ces Princ' là s'marient, dam' c'est qu'faut voir ça,
C'est ben l'plus beau coup-d'œil : ah! que ne suis-je là...
La grandeur, la biauté, le mérite & le bien,
Vantez qu'ça fait de noces oùsqu'il ne manque rien.

6ᵉ. LA PETITE JEANNETTE.

Maman me dit toujours de bien garder mon cœur,
Et Colin voudroit bien en être le vainqueur.
Mais au Comte d'Artois, si Colin ressembloit,
Ma fine, je n' sais pas trop ce qui arriveroit.

7ᵉ. LOUISE.

Quel sera le bonheur de ces dignes Epoux !
J'en juge par le mien, il n'est rien de si doux.
Mais leur cœur animé de la plus noble ardeur,
Dans sa félicité voit le commun bonheur.

8ᵉ. ALEXIS.

Si l'Auguste Princesse, objet de notre amour,
Daigne penser à nous en quittant ce séjour;
Elle rappellera ces fortunés instants
Où nous chantons LOUIS & ses petits-Enfants.

Chanson qui a été chantée à Madame la Comtesse d'Artois par M. Morand, fils, Ecolier du Grand Collège, le 6 Novembre 1773, lors de son Entrée à la Bibliotheque de la Ville.

QUAND aux champs l'hymen s'apprête,
Que ses plaisirs sont charmants !
La Ville dans cette Fête
M'offre des jours plus brillants:
Sous les traits d'une Princesse
Qu'Amour soumet à ses lois ;
L'on y voit une Déesse
Qu'on adoroit autrefois.

C'est Minerve avec les Graces ;
Qui protege les Talens ;
Aussi par-tout sur ses traces
Je vois brûler leur encens ;
Ils volent sur son passage :
Tout, jusqu'aux Echos des bois,
Jaloux de lui rendre hommage,
Voudroient s'unir à ma voix.

En vain les présents de Flore
Viennent embellir ses pas,
La Rose qu'on voit éclore,
Brille moins que ses appas.
Ces Lis que je lui présente,
N'osent toucher à sa main ;
Ils craignent dans leur attente
L'honneur d'un si beau Destin.

Pardonnez, jeune Princesse,
Leur zele ambitieux ;
L'Amour qui vous les adresse,
Plairoit peut-être à vos yeux.
A la Cour comme au Village
Les Fleurs font un ornement ;
Vous connoissez leur langage,
C'est celui du sentiment.

Épitre à M. Morand, Écolier du Collège de la Trinité, qui a eu l'honneur de présenter un Bouquet à Madame la Comtesse d'Artois.

AIMABLE enfant, que ton fort est heureux !
   Tu peux annoncer à la France
   Que l'objet de ses tendres vœux
Unit à mille attraits la douce bienfaisance ;
Que l'éclat de son Rang, l'éclat de sa naissance
   N'ont point imprimé la fierté
   Dans son ame pure & sensible ;
Mais plutôt que son cœur, où regne la bonté,
   A tous les cœurs est accessible.
A tes Concitoyens raconte ingénument
Comment elle a reçu ton modique présent.
Dis-leur : « Hier j'offrois à l'auguste Princesse
   » L'humble tribut de ma tendresse.
   » Hélas ! ce n'étoit que des fleurs :
 » En tremblant je lui dis : *Ce Bouquet est le gage*
   » *Du sentiment de tous les cœurs.* »

   La Princesse, à ces mots, accepte mon hommage,
Un Bouquet bien plus riche, à l'instant rejeté,
Cede sa place au mien, il est à son côté.
Jugez, François, jugez ce que l'on doit attendre
   D'une ame aussi bonne, aussi tendre.
   A son aimable Sœur elle ressemblera ;
   Jugez combien elle plaira
   A ce Roi que la France adore.
   Et Vous, charmant Comte d'Artois,
Que de jours fortunés vous promet cette Aurore !
Si je sais bien compter, Princes, vous voilà trois
Qui d'un heureux hymen suivez les douces lois ;
Qui goûtez le bonheur.... n'en dis pas davantage ;
Ces discours ne sont plus des discours de ton âge.

LES *Vœux des Lyonnois*, *présentés à* MADAME *LA* COMTESSE D'ARTOIS, *pendant son séjour à Lyon.*

NOBLE SANG des VICTORS allié de LOUIS,
Vous que Turin regrette, & qu'adore Paris;
Digne Fille d'un Roi dont la France est ravie,
Daignez lire en ces Vers les vœux de ma Patrie.
Le Lyonnois soumis & constant dans sa foi,
Aime son Souverain, & respecte sa Loi;
Il n'examine point ce que LOUIS ordonne,
C'est son Pere, il suffit, sans crainte il s'abandonne.
Vous l'avez vu ce Peuple accourir sur vos pas,
S'honorer d'un regard, tendre vers vous les bras;
Dans le fond de son cœur que ne pouviez vous lire !
Quels sentiments bien doux votre présence inspire !
Ce cri, VIVE LE ROI, si souvent répété,
Du Bourgeois satisfait la bruyante gaieté;
Ce Temple de l'Hymen, & ces chants d'alégresse,
De mes Concitoyens tout vous peint la tendresse.
Eh ! comment pourroit-on vous refuser son cœur ?
D'un Bourbon jeune encor vous faites le bonheur ;
Petit-Fils de ce Roi qu'idolâtre la France,
De son Auguste Aïeul il a la bienfaisance;
Vous allez d'un seul mot combler ses tendres vœux,
Au flambeau de l'Hymen, l'Amour unit ses feux;
LOUIS LE BIEN-AIMÉ si cher à sa Famille,
LOUIS va vous donner le doux nom de sa FILLE;
La France en ce moment prosternée à l'Autel,
Offre pour vous l'encens qu'on doit à l'Immortel.
Volez à votre Epoux ! tous deux d'intelligence
Faites vous adorer par votre bienveillance :
Aisément près du Trône on se voit respecté,
Mais le cœur ne se rend qu'à la seule bonté :
C'est par-là qu'à Turin, ce Prince qu'on révere
Paroît de ses Sujets moins le Roi que le Pere.

Suivez

Suivez, Fille des Rois, vos deſtins glorieux,
Au Trône de LOUIS portez nos humbles vœux.
Heureux ceux qu'a choiſi ſa volonté ſuprême
Pour compoſer la Cour de deux Epoux qu'on aime;
Qui ſans ceſſe pourront, témoins de vos vertus,
Mériter vos bontés par leurs ſoins aſſidus !
Ce bonheur eſt trop grand pour oſer y prétendre !
Mais pour être éloigné, le cœur eſt-il moins tendre?
En eſt-il moins François? il ne faut, en ces jours,
Que vous voir une fois, pour vous chérir toujours.

Par l'Abbé REYNARD, Docteur de Sorbone, & Vicaire
de Saint Niзier.

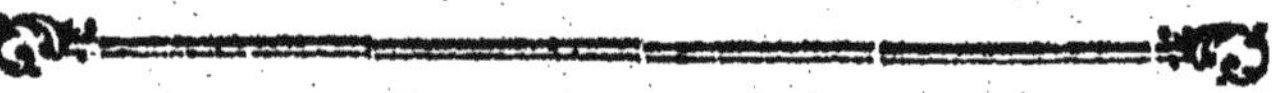

VERS à Madame LA COMTESSE DE FORCALQUIER,
premiere Dame d'Honneur de MADAME LA COMTESSE
D'ARTOIS.

D'UNE Auguſte Princeſſe,
Par ſon eſprit, égayer les moments ;
   A ſa haute Nobleſſe
   Unir les plus beaux ſentiments :
D'un aimable ſourire accueillir les talents ;
Faire ſous ſon pinceau reſpirer la nature ;
   Reſſentir les maux qu'endure
   L'infortuné qu'elle ſoutient :
   Par la douceur de ſon maintien,
Découvrir la bonté de ſon ame ſincere ;
   Joindre au talent de plaire,
   Celui de ſe faire aimer :
Charmante FORCALQUIER, qui ſouriez peut-être ;
   A ces traits, pour vous connoître,
   Eſt-il beſoin de vous nommer ?

Par le même.

B

EPITHALAME à Madame la Comtesse d'ARTOIS.

LE flambeau de l'Hymen va s'allumer pour vous ;
Des mains des Immortels vous aurez un Époux.
De l'Olympe, en ce jour, les Dieux & les Déesses
Vont vous faire à l'envi leurs plus grandes largesses ;
Ils sont tous occupés de ce soin important ;
Chacun veut vous parer d'un nouvel ornement.
Le puissant Jupiter, le maître du tonnerre,
Vous donne sa faveur pour le bien de la terre.
Saturne qui dirige & qui regle le temps,
S'attache à prolonger le nombre de vos ans.
Par Cypris, par Bellone & le Dieu des Conquêtes,
Le Myrte & le Laurier vont couronner vos têtes.
Le puissant Dieu d'Amour, en fixant votre choix,
Viendra mettre à vos pieds son arc & son carquois ;
Au cœur de votre Époux il élira son Temple,
Du Dieu de l'Hymenée il va suivre l'exemple
La valeur, le courage, & les jeux & les ris,
Par le plus doux lien vont se voir réunis.
Pour votre Auguste Époux, Mars a trempé des armes,
Qui, servant à l'Etat, calmeront nos alarmes.
Flore rassemblera l'élite de ses fleurs,
Qu'elle présentera par la main des neuf Sœurs.
Pomone de ses dons offrira les prémices,
Et Bacchus le nectar dont il fait ses délices.
Apollon prêtera ses sons harmonieux,
Pour chanter les exploits de vos Nobles Aïeux.
Par l'ordre des destins, par les soins de la Gloire,
Vos noms enfin gravés au Temple de Mémoire,
Seront entrelacés à côté de ces Rois,
Qui firent de tous temps le bonheur des François.

Par M. S. de Lyon, âgé de 14 ans, fils de M. S. C. D. R.

PRÉSAGE A CHANTER.

SUR L'AIR: *Philis demande son Portrait.*

JE vois sous la voûte des Cieux
    Un éclatant nuage :
Iris va descendre en ces lieux,
    C'est un heureux présage ;
C'est par les ordres du destin
    Qu'elle vient sur la terre,
Faire briller l'Astre divin
    Qui change d'hémisphere.

PAR l'Astre qui va s'avancer,
    L'âge d'or va renaître ;
Notre bonheur va commencer ;
    Les plaisirs vont paroître.
Les Dieux d'Hymen & de l'Amour
    Vont ordonner la Fête ,
Et dans ce mémorable jour
    Couronner leur Conquête.

PRINCESSE, vous êtes ci-bas
    Une nouvelle Astrée ;
Le bonheur va fixer vos pas
    Dessus notre contrée.
Envoyée du haut des Cieux,
    Déesse Tutélaire ;
Vous êtes mise par les Dieux
    A côté du Tonnerre.

Par le même.

Au Paſſage de Madame la Comteſſe d'Artois à Bourgoin, en Dauphiné, à ſept lieues de Lyon, M. de Béfroy, Gouverneur de cette Ville, portant la parole pour la Nobleſſe de Bourgoin, lui dit :

M A D A M E ,

« Le Corps de la Nobleſſe de Bourgoin ſe féli-
» cite de pouvoir vous offrir le premier ſes vœux & ſon
» reſpect.

» Tous les Cœurs qui volent au devant de vous, an-
» norcent que vous n'avez pas changé de Patrie. Vous
» quittez une Cour qui vous regrette, & vous êtes deſirée
» par une Cour dont vous allez faire l'admiration & le
» bonheur ; elle verra en vous des vertus embellies par
» les graces ; elle mettra à vos pieds, des hommages
» rendus plus touchants par l'amour.

» Le Sang auguſte dont vous ſortez, offre de grands
» exemples ; le Rang qui vous eſt deſtiné, fait concevoir
» de grandes eſpérances. La France vous adopte par ſes
» ſentiments, & vous allez l'adopter par vos bienfaits.
» Lien de deux Etats, ornement de deux Cours, chere
» à deux Nations, ſur les degrés du Trône, vous ſerez
» à la fois heureuſe, adorée, & ſenſible.

CHANSONS

FAITES à l'occasion du Mariage de Madame la Comtesse d'ARTOIS, à son passage à Lyon.

PREMIERE CHANSON,

Sur l'Air des Poissardes de Paris, Enfin, v'là donc que c'est bâclé, notre Dauphin se marie.

DES Victors & des Bourbons,
   Chantons la double alliance,
J'aimons à voir ces Tendrons,
S'unir à nos Enfants de France;
Que j'allons former de vœux
Pour le bonheur de tous les deux.   *bis.*

   Dites bon soir au Papa,
Hâtez-vous, belle Princesse,
De vous voir en ce climat,
Je ne sai queu desir nous presse;
Mais je sentons dans not' cœur
Qu'ça nous fera ben de l'honneur.   *bis.*

   Je savons fort ben ici
Ce qu'est Monsieu votre Pere;
En fait de Roi, de Mari
N'y-a pas de meilleur caractere;
Ses Sujets sont ses enfants,
Mais faut l'quitter, il en est temps.   *bis.*

   Monseigneur l'Comte d'Artois
Vous attend com' le Messie,
De votre joli minois
Il est amoureux pour la vie;
Il vous plaira plus d'un jour,
Dam' c'est qu'il est biau com' l'amour.   *bis.*

B 3

A Monſieur vot' grand Papa
Queu plaiſir vous allez faire ,
Dans ſon Royaume il n'eſt pas
Pour ſes enfants de meilleur Pere ;
Dit' lui que ſes Lyonnois
Sont ſes plus fideles Sujets.   *bis.*

Vous verrez notre Dauphin ,
Ça vous a le cœur d'un Prince ,
Je voudrions que le Deſtin
L'amenât dans notre Province ;
A Lyon comme à Paris,
Tous les François ſont ſes amis.   *bis.*

Vous chérirez avec nous
Notre Dauphine charmante ,
Son abord facile & doux
Ravit les cœurs , ça nous enchante ,
Dans moins d'un an j'eſperon
Lui voir un joli p'tit Poupon.   *bis.*

Auſſi contente que vous ,
De Provence la Comteſſe
Vous dira pour un Epoux
Comme il faut avoir de tendreſſe ;
Ils s'aiment , chacun le ſait
Le bon ménage que ça fait.   *bis.*

Vous aurez des Dam' d'honneurs ,
Des Gentizhom' de la Chambre ,
Des Abbés , des Serviteurs ,
Qui rempliront votre Antichambre.
Je n'aurons plus le plaiſir
De vous voir tout à not' loiſir.   *bis.*

Au milieu de vot' Grandeur,
Souvenez-vous de not' Ville,
Qui, dans la France a l'honneur
D'être vot' premier domicile;
Et comptez fur nos amours
Quand j'vous aimons, c'eft pour toujours. *bis.*

AUTRE CHANSON,

*Sur l'Ordre & la Marche que doit obferver la Garde Bourgeoife, le jour de l'arrivée de Madame la Comteffe d'*ARTOIS*, & pendant fon féjour à Lyon.*

Sur l'Air, *Auffi-tôt que la lumiere*, ou *ton humeur eft Catheraine.*

Avis aux Bourgeois.

DE Lyon la bonne Ville,
Bourgeois, Artifans, Commis:
Vous tous, qui d'humeur facile,
Portez Giberne & Fufils,
Pour recevoir la Princeffe
Qui s'unit à nos Bourbons,
Que chacun de vous s'empreffe
D'obéir à nos Pennons.

Voilà que les Quartiers fe rendent fur la place des Terreaux.

Vendredi, fur les deux heures,
Réunis fous vos Drapeaux,
Vous quitterez vos demeures
Pour aller fur *les Terreaux*,
En Guêtre, chemife blanche,
Habit bleu, cheveux poudrés,
Comme en un jour de Dimanche,
A nos yeux vous brillerez.

Voilà que Monsieur le Capitaine du Quartier
du Gourguillon harangue ses Soldats.

Vous tous , Gens de bonne-mine ,
Habitants du *Gourguillon,*
Qui , d'une sainte Colline
Soutenez si bien le nom ,
Qu'on s'aligne , qu'on s'efface ,
Ferme , & montrons en ce jour
Que personne ne nous passe
En valeur , comme en amour.

Voilà que les Quartiers prennent leurs places
suivant leur rang d'ancienneté.

Laissant à la *Colonelle*
La tête du Régiment ,
Sans désordre & sans querelle
Vos Quartiers prendront leur rang;
Saint Nizier , en habit rouge,
L'Arriere-garde fera ;
Mais qu'aucun de vous ne bouge
Que quand le Tambour battra.

Voilà que la Bourgeoisie défile par le Quai de
la Saône , pour se rendre en Bellecour.

Sur le Quai , de bonne grace
Marchant , au bruit du tambour,
Vous vous rendrez sur la Place
Qu'on appelle Bellecour ;
Du Pont de *la Guillotiere*
Par les endroits désignés ,
Vous servirez de Barriere
Sur deux files alignés.

Voilà que Madame la Comtesse d'Artois arrive.

Aussi-tôt que la Princesse
Paroîtra dessus le Pont,
Sur ses pieds qu'on se redresse,
Qu'on s'apprête à tenir bon;
Et montrant votre tendresse
Criez-tous à haute voix,
Vivent le Roi , la Comtesse
Et notre Comte d'Artois.

*Voilà que Messieurs de Ville offrent leurs
préfents à la Princesse , & voilà que chaque
Quartier retourne en accompagnant son
Capitaine.*

Tandis qu'en son domicile,
En Rabat, & le chef nud,
De nos cœurs, Messieurs de Ville,
Offriront l'humble tribut;
De quatre en quatre, sans peines
Vos quartiers formant les Rangs,
Conduiront leurs Capitaines
Jusques à leurs logements.

*Voilà ce que la Bourgeoisie doit faire pendant
le séjour de Madame la Comtesse d'Artois.*

Tour-à-tour , chez la Princesse,
La garde vous monterez,
De votre noble hardiesse,
Gens de Cour seront charmés;
Avec mâle contenance
A la Porte resterez,
Ou prendrez à la Dépense
Les Plats que vous porterez.

Voilà que Madame la Comtesse d'Artois va au
Bal & à la Comédie.

Au Bal, à la Comédie
Si l'on dirige ses pas ;
A ces Postes, sans envie,
Volez & ne cedez pas ;
De nos petites maîtresses
Garantissez les appas ,
Et laissez à nos Duchesses
Le soin d'en rire tout bas.

Voilà que chaque Bourgeois se réjouit dans
sa Famille , & boit à la santé de Madame
la Comtesse.

Dans le sein de vos Ménages ,
A table avec vos Enfants ,
Fixez leurs esprits volages
Par la gaieté de vos chants ;
Contez-leur de la Princesse
Les attraits & la bonté ,
Et le cœur plein d'alégresse
Bûvez tous à sa santé.

Voilà les regrets de tous les Lyonnois sur le
départ de cette aimable Princesse.

Courte sera la durée
De son séjour parmi vous ,
Faite pour être adorée ,
L'Autel l'attend loin de nous ;
Revenez sur son passage ,
Témoignez lui nos regrets ;
Qu'elle emporte en son voyage
Tous les cœurs des Lyonnois.

Voilà qu'on excuſe nos Bourgeois ſur le peu d'uſage qu'ils ont de porter les Armes ; & voilà la fin de cette Chanſon que vous acheterez de ce pauvre Aveugle , qui eſt privé du plaiſir de voir tant de belles choſes.

Officier ou Capitaine
Qui ſervez notre bon Roi ,
Vous, que cette Fête amene ,
Ne raillez point le Bourgeois ;
Il vous paroîtra peut-être
Bien novice dans ce jour ,
Mais ſongez qu'il n'a pour maître
Que ſon cœur & ſon amour.

CHANSON EN PATOIS LYONNOIS , *ſur le Mariage de Mgr. le Comte d'Artois.*

Sur l'air : *Qu'étai don cela novelle , &c.* ou bien ſur celui , *Auſſi-tôt que la lumiere , &c.*

Qu'étai don celi vacarme
Que met le monde in couëti ,
Y diſons qu'on prin los armes
Deman din tui lo quarti ,
Y é don quoque gran faites
Par lo Maîtres Taftatis ,
Que lo gins lo plus honnaites,
Devont quitta lu Mêtis.

L'otro jor que j'acotave ,
Par lo trou de la paret ,
Notron grou Marchan diſave ,
Que bientou l'on chomeroit ,
Qu'arrivave una gran Dama
Du couta de Chambéri ,
Que devave être la Féma
D'un grou Monſieu de Pari.

Y é parqué lo Maîtres Gardes
Difian à tui leus Ouvris ,
Que quant y ferian de Garde,
Y s-euffian de biaux Habits.
J'avons vu celi du Maître,
Qu'eft bleu com-un Paradis;
U Terriaux il va paraître,
Plus fiar qu'un Arquebufy.

Par honora fa venua,
Le Cura de fan Nezi,
Du Quarti de la Grand Rua :
L'Etendart nouve a bêni,
Com-y feran l'exarcice,
Lo Souda, lo Corpora,
Car n'eft gin que ne beniffe,
Cella que l'étrênera.

Tertui lo Meffieu de Ville ,
Su le Pont van fin alla ,
Avouai lo Clia de la Ville,
Que devon ly préfinta ;
Y povon in affurance,
Ly bailler nô Cœurs uffi ;
Mafion je l'aimons d'avance ;
Tot com-Monfieu fon Mari.

Per alla u devant d'Elle,
Notron Bon Rei a chufi,
Parmi fo Sujet fidele,
Monfiu Brancas fon ami;
Y é don un bien brave-homme ;
Qu'ils l'an reçu Pénitent, (*)
De celo que quant on chôme;
Vo baillon tojor de Pan.

(a) M. le Marquis de Brancas fe fit recevoir , le 1 Novembre dernier , dans la Compagnie Royale de N. D. du Confalon de cette Ville , qui s'eft diftinguée , ces dernieres années , par les abondantes diftributions d'aumônes qu'elle a faites aux pauvres Ouvriers que la ceffation de travail mettoit pour lors dans l'indigence.

M. le

Y Van brûla d'Artifice
Per lo Rey & fos Efans ;
Que tot nos vœux s'accompliffent
Per de Gen fi Chermants :
Et puis vive la Comteffe ,
Lo Rei , lo Comte d'Artois ,
Que Diu conferve fans ceffe ,
Per no de fi bons Borgeois.

CHANSON *de l'Aveugle , qui a chanté dans la Ville les chanfons précédentes ,* Sur l'Air , *de l'Aveugle de Palmyre , La lumiere la plus pure.*

PRivé de votre lumiere,
Marchant toujours à tâtons,
Je commence ma carriere
Par débiter mes Chanfons ;   Tout

M. le Marquis de Brancas , Commiffaire Plénipotentiaire du Roi , fut reçu avec les Cérémonies d'ufage , aux réceptions des Seigneurs de fon Rang , & des Ambaffadeurs.

A fon entrée dans la Nef , M. Bertrand , l'un des Vice-Recteurs , en l'abfence de M. le Recteur , en lui préfentant la Compagnie , lui dit :

MONSEIGNEUR,

Tous les Ordres des Citoyens de cette feconde Ville du Royaume , prennent la plus grande part à la joie publique dans l'heureufe circonftance qui amene dans nos murs une Augufte Princeffe , qui doit mettre le comble aux efpérances de la Nation.

Nous devons au choix du Roi , le bonheur de voir cette Nation repréfentée par un Seigneur , qui joint à la plus haute naiffance , la magnificence de fon Rang & l'éclat des plus fublimes vertus.

Cet afyle facré de Retraite & de Prieres , réunit des Citoyens zélés pour le bonheur de cet Empire ; ils y viennent librement rendre à Dieu leurs adorations , & le prier de répandre fur le Roi , fur la Famille Royale , fur tout le Royaume fes graces les plus abondantes.

Quel encouragement pour nous , MONSEIGNEUR , de vous voir en ce jour prendre part aux Vœux de cette Compagnie.

O Vous ! qui êtes ici l'organe des volontés de LOUIS LE BIEN-AIMÉ , dites-lui , MONSEIGNEUR , que nos cœurs font à lui ; que dans ce faint Temple nous ne ceffons de lever nos mains & de faire des Vœux , pour que la miféricorde Divine daigne conferver à des Sujets , leur Pere le plus chéri.

Tout le long de la femaine
Je chante , & fouvent en vain ;
Hélas ! que l'on a de peine
Pour un pauvre petit gain.

Si quelque ame bienfaifante
S'arrête pour m'écouter,
Ma Chanfon je lui préfente,
Qu'elle daigne l'acheter ;
De ma petite fortune
Je reviens chez moi content ;
Mais jamais je n'importune
L'Auditeur ni le Paffant.

Pour célébrer la Princeffe
Qui doit paffer à Lyon ,
J'ai fommé de fa promeffe
Un bon faifeur de Chanfon ;
Vous venez de les entendre ,
C'eft l'écho de votre cœur ;
N'héfitez pas à les prendre ,
Vous le devez en honneur.

Ne pouvant de vos proueffes
Voir les effets furprenants ,
Faites-moi par vos largeffes
Goûter vos amufements :
Quels plaifirs feront les vôtres
Dans ces jours chers aux François !
Pour moi je n'en aurai d'autres
Que de chanter vos bienfaits.

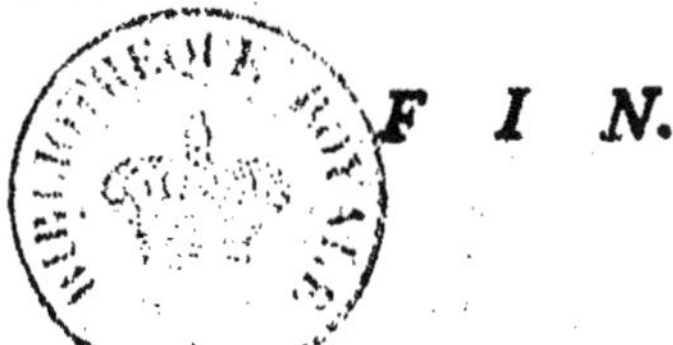

F I N.

RECEPTION

DE MADAME
LA COMTESSE D'ARTOIS,
A ROANNE,

Par M. DE FLESSELLES, Intendant de la Généralité de Lyon.

*Lettre de M. l'Abbé F.******, à Mme. de L.**** à Lyon, sur l'arrivée de Madame la Comtesse d'Artois à Roanne, & le détail de la Fête que M. de Flesselles, Intendant de la Généralité de Lyon, lui a donnée.*

De Roanne le 10 Novembre 1773.

MADAME,

M. de Flesselles, Intendant de la Généralité de Lyon, premier président au Conseil Supérieur, cet ami du Peuple, dont vous connoissez le cœur aussi noble que généreux, a donné à Madame la Comtesse d'Artois dans son passage à Roanne, une Fête très-agréable & très-galante. Si j'avois, comme lui, à ma disposition des génies bienfaisants & les Fées les plus puissantes, j'aurois employé leur pouvoir pour vous faire transporter, le 8 de ce mois, à Roanne, sur un des chars merveilleux dont ces Intelligences se servent pour parcourir le monde. Avec quel ravissement auriez-vous vu cette Fête enchantée que M. notre Intendant à donnée à cette Auguste Princesse ! Je vais, autant que je le pourrai, vous en tracer la description qui ne fera qu'augmenter les regrets que vous aurez de n'en avoir pas été spectatrice.

Ce Magiſtrat dont le taĉt eſt ſi fin pour diſcerner le vrai mérite, avoit choiſi pour remplir ſes vues, M. Morand, à qui les ouvrages dont il embellit tous les jours votre Ville, ont donné la réputation d'Architeĉte, qui a toujours pour maître le Génie, & pour guide le Goût. Cet habile Artiſte a ſurpaſſé l'idée qu'on avoit de ſes talens; il a même étonné par la perfeĉtion de l'effet, & par la préciſion de l'exécution.

A une demi-lieue de Roanne, la route que tenoit la Princeſſe, étoit illuminée; l'avenue des deux ponts ſur la Loire étoit éclairée par des pots à feu, qu'un arc de triomphe, en illuminations d'ordonnance Corinthienne, placé en face, terminoit avec magnificence.

La Princeſſe, ſur les huit heures du ſoir, entra avec ſa Suite dans les cours du Château; la Bourgeoiſie de Roanne ſous les armes bordoit la haie. (*)

La quantité de flambeaux, les illuminations brillantes qui décoroient le Château, ajouterent à l'éclat de cette entrée. Arrivée au Sallon qui lui étoit préparé, elle daigna recevoir les complimens des différens Ordres de la Ville; M. le Subdélégué de Roanne eut l'avantage de lui offrir, au nom de M. de Fleſſelles, les préſens d'honneur.

Ces cérémonies remplies, elle paſſa dans la Salle de Speĉtacle, que M. notre Intendant avoit fait conſtruire exprès dans le Jardin du Château.

Cette Salle en forme de Tente, avoit 80 pieds de longueur ſur 50 de largeur; un périſtile d'ordonnance Dorique, donnoit de l'élégance à ſon entrée; ſon intérieur formoit tout à la fois une Salle des Gardes, & d'entrée pour arriver à la Loge de la Princeſſe.

La Salle, ſur un plan circulaire, avoit dans le centre un Amphithéatre d'une décoration ſimple & noble; un Baldaquin au deſſus du ſiege de la Princeſſe entroit dans la compoſition de cette décoration; les loges formées par des palmiers en arcades, du centre deſquels pendoient des
luſtres

(*) Elle avoit pris les armes par les ordres de M. Boilleau, Subdélégué général de l'Intendance, & chargé des détails du Commandement de la Province.

luſtres garnis de fleurs, étoient remplies de trois rangs de Dames très-parées.

La décoration en palmiers continuoit ſur l'avant-ſcene; leurs branches entrelaſſées s'uniſſoient pour ſupporter les Blaſons des Couronnes de France & de Savoie.

Le Plafond de la Salle, en forme de rotonde, préſentoit une infinité de compartiments variés, enrichis de gazes d'or & d'argent, & entrelaſſés de guirlandes.

Le Théatre offrit aux Spectateurs ſucceſſivement trois changements de décorations, peintes par le pinceau ferme & hardi de M. Dubois; ces changements ſe firent à vue, avec une préciſion qui tenoit de la féerie. Les Comédiens que vous êtes accoutumée d'applaudir, ſe ſurpaſſerent, Madame, dans un Prologue analogue à cette Fête, qu fut terminé par un Ballet ingénieux de la compoſition de M. Hus, dans lequel l'Amour vint couronner les Ecuſſons de France & de Savoie, que lui offroit le Génie des deux Nations. Ils jouerent enſuite *le Préjugé vaincu*, ſuivi de *l'Aveugle de Palmyre*; au moment que Zulmis recouvre la vue, il chanta des Couplets qui témoignerent à la Princeſſe tous les ſentiments dont la Nation eſt pénétrée. Un Ballet termina le ſpectacle. Dans ce moment tous les Danſeurs & Danſeuſes avec les Acteurs ſe rangerent des deux côtés du Théatre; le fond s'ouvrit pour laiſſer voir à la Princeſſe & à tous les Spectateurs, ſans ſe déplacer, des Feux d'Artifice, qui, dans un éloignement proportionné, produiſirent les plus grands & les plus mer-veilleux effets par les différentes formes & les couleurs que la Pyrotechnie emploie aujourd'hui ſi heureuſement. La diverſité des feux, des couleurs & des deſſeins ſe ſuccé-doient avec tant de célérité & de préciſion, qu'il eſt preſque impoſſible de le décrire.

Tout étoit enchantement dans cette Fête; le merveil-leux ſe répétoit à tout inſtant.

Comme la variété dans les plaiſirs en augmente le prix, la Princeſſe rentra dans ſon Sallon, d'où elle vit, dans le moment, partir tout à la fois une Girande ou Bouquet d'Artifice dont la clarté ſe répandit ſur le Jardin, le Château & toute la Ville, & qui ne diſparut que pour

(34)

laiſſer la place à celle d'une illumination de 4000 Lampions
dans une grande allée garnie d'orangers, en face du
Sallon, terminée par une décoration auſſi ingénieuſe que
heureuſement rendue; c'étoient les Alpes que l'on décou-
vroit. (*) Derriere leur ſommet s'élevoit inſenſiblement
une Etoile tres lumineuſe de cinq pieds de diametre. Sur
une maſſe de Rochers on liſoit en Lettres de feu, ces
mots empruntés de *Metaſtaſio* :

> *Aſtro felice ſplendi,*
> *Sempre benigno à noi.*

(C'eſt-à-dire, *Aſtre Heureux, brille toujours pour notre
bonheur.*)

La ſatisfaction de la Princeſſe fut apperçue de toute
l'Aſſemblée, & ſa bonté lui fit dire, en préſence de ſa
Cour, à M. & à Mme. de Fleſſelles, les choſes les plus
obligeantes.

La Princeſſe ſoupa à ſon grand Couvert; elle permit
que le Public eût entrée dans la Salle.

Le lendemain, après une Meſſe célébrée dans ſes Appar-
tements, (& pendant laquelle M. l'Intendant fit chanter
un Motet) la Princeſſe entra dans ſon carroſſe, & partit,
ſuivie de ſa Cour, pour Moulins, à onze heures du matin.

Après ſon départ, M. de Fleſſelles, toujours attentif au
bonheur de ceux qui l'environnent, fit éclairer la Salle &
le Théatre juſqu'à deux heures après midi, pour le plaiſir
& la ſatisfaction des Habitants de Roanne.

Lorſqu'il y aura dans notre Ville des événements qui
pourront mériter votre curioſité, je ſerai exact à vous en
faire part; daignez toujours m'accorder votre eſtime; &
croyez que je ſuis avec autant de reſpect que de conſidération,
Madame, Votre, &c.

(*) Les Montagnes qui forment la chaîne des Alpes, étoient peintes ſur
différents plans, &, par l'illuſion de l'Optique, même pendant le jour,
elles paroiſſoient s'unir à celles du Forez, qui les ſurmontoient. Madame la
Comteſſe d'Artois s'en amuſa beaucoup pendant le temps de ſa Toilette.

COUPLETS DE L'AVEUGLE DE PALMYRE,

AU MOMENT QU'IL RECOUVRE LA LUMIERE,

Qui ont été chantés en présence de MADAME LA COMTESSE D'ARTOIS, le jour de son passage à Roanne, le 8 Novembre 1773.

AIR : *Que ne suis-je la fougere !*

Dieu du jour, de quels spectacles
Mes regards sont-ils saisis !
La nature & ses miracles
Semblent ici réunis.
Non, non, la terre est moins belle ;
L'Olympe s'ouvre à mes yeux.
J'apperçois une Immortelle
Au milieu des demi-Dieux.

Vers cet Astre qui s'avance
Cent peuples portent leurs vœux ;
Un instant de sa présence
Vaut le jour le plus heureux.
Du bonheur la vive image
S'offre à moi dans ce moment ;
Dans ses yeux j'en vois le gage ;
Dans leurs yeux le sentiment.

Sous le myrte & sous la rose
L'Hymen l'attend aux Autels ;
A son sort il se propose
D'unir le sort des mortels.
Ah ! pourroient-ils méconnoître
Quels biens leur sont assurés ?
De son Sang on ne voit naître
Que des Princes adorés.

Suivez, aimable Princesse,
Des destins dignes de vous.
Comblez les vœux, la tendresse
D'une Sœur & d'un Époux :
Près d'eux remplissez la place
Que vous prépare l'Amour :
Soyez la troisieme Grace
De la plus brillante Cour.

VAUDEVILLE DE L'AVEUGLE DE PALMYRE.

Nadine à Zulmis fut chere,
A Zulmis privé des yeux ;
En obtenant la lumiere,
Il sent augmenter ses feux.
Avant de vous voir, la France
Soupiroit pour ce beau jour :
Ah ! combien votre présence
Augmente encor son amour !

Auprès d'un Epoux fidelle,
Auprès du meilleur des Rois,
Le Dieu d'hymen vous appelle ;
Suivez ses aimables loix.
D'Artois plein d'impatience
Soupire après le beau jour,
Où votre aimable présence
Doit couronner son amour.

Une Sœur chérie & tendre
Vous presse par ses desirs ;
Dans son ame allez répandre
L'alégresse & les plaisirs.
Déja son impatience
Veut devancer le beau jour,
Qui doit d'une longue absence
Dédommager son amour.

COMPLIMENT

De M. l'Archevêque de Lyon, à MADAME LA COMTESSE DE PROVENCE, à son passage à Lyon, lorsqu'elle fit son Entrée dans l'Eglise Cathédrale de St. Jean. (*)

MADAME,

IL n'est point d'événement plus intéressant pour la France, que ceux qui sont destinés à donner au Trône de nouveaux appuis, & à perpétuer le sceptre dans la main de ses Maîtres. Ce n'est pas le seul Bien, MADAME, que nous attendions de votre glorieux Hyménée. Le Ciel vous a fait naître de cette antique & royale Maison qui, depuis une longue suite de siecles, remplit l'Europe de l'éclat de ses vertus. Vous tenez presque immédiatement le jour d'un Roi que sa haute sagesse, sa piété solide, sa justice éclairée, & toujours agissante, sa tendre humanité ont rendu l'admiration des Etrangers, & l'amour de ses Peuples. Vous avez reçu avec son sang, le germe de toutes ses perfections, & il les a encore cultivées par ses leçons & par ses exemples. Vos premieres années se sont écoulées au milieu d'une Cour où tout a contribué à développer, à embellir en vous les dons de la nature & ceux de la Religion. Il ne nous a été donné, MADAME, de vous posséder encore qu'un moment, & déja nous sentons se vérifier ce que la renommée nous avoit annoncé, que vous remplaceriez auprès du

---

(*) Lorsque Madame la Comtesse de Provence, arrivant en France, passa par Lyon, l'éloquent Archevêque de cette Ville lui fit un compliment trop peu connu, & que l'on nous saura gré de conserver ici, parce qu'il renferme des faits curieux, habilement rappellés, heureusement exprimés, & qu'il est un modele précieux dans ce genre délicat d'orner la vérité.

(*Mercure de France, Novembre 1772.*)

Trône cette aimable & vertueuse Princesse qui fit nos délices pendant sa vie, & qui fait encore aujourd'hui notre bonheur, puisque nous lui devons le Monarque chéri qui nous gouverne.

Si la France est heureuse par vous, MADAME, nous osons vous promettre que vous le serez aussi par elle. Vous y trouverez un Roi qui fait consister une partie de sa grandeur à être le plus tendre & le meilleur de tous les peres; un époux sage avant le temps & qui n'est jamais sorti de son caractere de modération & de douceur, que pour manifester la plus vive impatience de voir sa destinée unie à la vôtre; une Famille Auguste qui, en vous chérissant autant que celle que vous pleurez, méritera d'avoir la même place dans votre cœur. Vous y trouverez enfin une Nation que la reconnoissance lie déja à votre Sang, & à qui il ne manque que d'être réunie ici toute entiere, pour vous vouer, comme nous, tout l'amour qu'elle a pour ses Princes.

Cette Eglise, Madame, si célebre par l'ancienneté & la constance de sa foi, si vénérable par cette multitude de Martyrs dont vous foulez ici la cendre, a des titres particuliers pour s'intéresser à votre félicité; elle compte dans le nombre de ses illustrations les plus précieuses, celle d'avoir eu deux de vos augustes Ancêtres pour Pontifes & pour Souverains; elle est, plus que tout autre, comblée des bienfaits du Roi; elle jouit de l'honneur singulier de l'avoir pour le premier de ses Membres; elle va s'honorer encore d'avoir été la premiere de ce Royaume à vous marquer son zele, & à recueillir les témoignages de votre piété : ne doutez donc pas, Madame, qu'elle ne soit aussi la plus empressée & la plus ardente à demander à Dieu de bénir & de sanctifier vos liens, d'y répandre tous les jours de nouvelles douceurs, & de combler enfin votre joie & la nôtre, en vous donnant bientôt des Princes qui vous ressemblent.

FIN.